Fantaisies d'Halloween

Huguette Kirby

PHOTOGRAPHIES :
Milan/Dominique Chauvet

CONCEPTION GRAPHIQUE
ET RÉALISATION :
Sarbacane

Les éditions Scholastic

Sommaire

3

Les secrets

Pour que la fête d'Halloween soit une réussite, c'est-à-dire effrayante et immonde, il faut bien la préparer. Si tu n'as pas peur des crapauds baveux, des araignées velues, des chauves-souris assoiffées de sang, alors ce livre te sera d'une aide précieuse pour les préparatifs.

Tu y découvriras des idées diaboliques et originales, comme les cartes d'invitation d'où sortent des créatures monstrueuses, qui donneront le ton de la fête. Quelques jours avant, prépare la décoration de ta maison : des chauves-souris en carton pendues au plafond, des citrouilles en papier mâché, des boîtes en forme de cercueil… Ensuite, il sera temps de confectionner les déguisements. Tu pourras aussi décorer tes vêtements avec d'horribles insectes et fabriquer des masques en forme de tête de mort. Ce livre t'explique aussi les techniques de maquillage pour ressembler à Dracula et autres personnages terrifiants. Et ce n'est pas fini… L'Halloween est avant tout une fête : tu trouveras en plus des idées de jeux de massacre, et des recettes comme le gâteau garni de bonbons gluants…

Préviens tes amis : les froussards, les trouillards et les peureux en auront pour leur compte.

Et que la fête commence!

Attention!

Certains projets de ce livre doivent se faire sous la surveillance d'un adulte. Demande à une grande personne de t'aider à réaliser les étapes indiquées par ce (!).

Préparation de la colle à papier peint

Dans un bol, verse 250 ml d'eau froide et 10 ml d'adhésif à papier peint. Mélange bien et laisse reposer 15 min.

d'Halloween

mpression des motifs sur papier ou sur tissu

IL TE FAUT :
- du papier-calque • un morceau de carton dur • un crayon
- un morceau de mousse décorative • de la colle universelle
- de la peinture acrylique (pour imprimer sur papier)
- de la peinture spéciale pour tissu (pour imprimer sur tissu)
- un pinceau • des ciseaux

3 Avec le pinceau, applique une bonne couche de peinture sur le motif pour créer un tampon.

1 Trace le dessin sur calque. Découpe-le, puis pose-le sur la plaque de mousse. Trace les contours du motif sur la plaque, puis découpe le motif tracé.

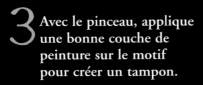

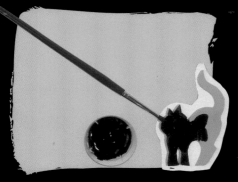

2 Colle le motif sur le carton, laisse-le sécher 2 h. Demande à un adulte de découper le carton tout autour du motif en laissant une bordure.

4 Retourne le tampon sur le papier ou le tissu et appuie bien pour imprimer le motif. Il serait préférable que tu fasses d'abord un essai sur un vieux morceau de papier.

Si tu imprimes des motifs sur du tissu, laisse ton ouvrage sécher 2 h. Demande à un adulte de le repasser avec un fer chaud pour fixer les couleurs; ainsi, tu pourras laver ton œuvre à la main ou à la machine à 50 °C.

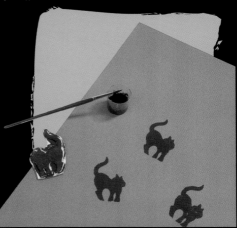

Les cartes 3D

IL TE FAUT :
- 2 rectangles de papier, 1 pour la carte et 1 pour le château • de la colle universelle
- des ciseaux • un couteau à bout rond

3 Trace un château comme celui-ci sur le deuxième rectangle, puis découpe-le. Fais-y des rainures avec le couteau.

2 Avec un couteau à bout rond, fais une rainure au milieu du premier rectangle pour que la carte soit facile à plier.

1 Découpe un rectangle de papier pour la carte, et un autre pour le château.

4 Colle le château de chaque côté de la carte. Quand la carte est fermée, le château ne doit pas dépasser.

6

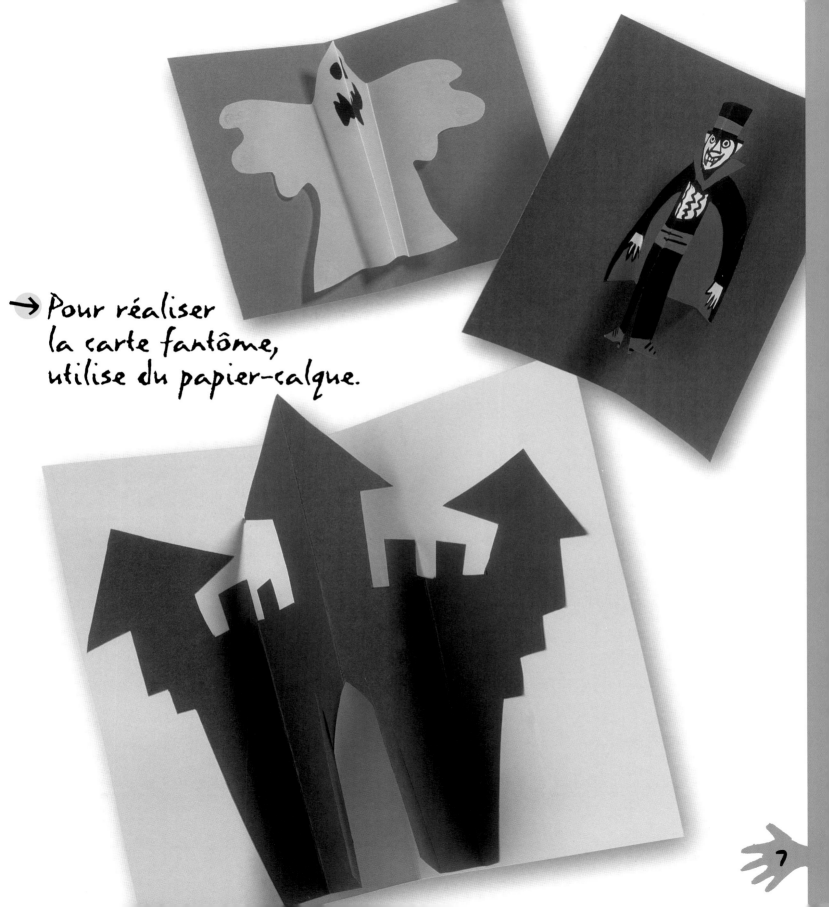

→ Pour réaliser
la carte fantôme,
utilise du papier-calque.

7

La lanterne citrouille

IL TE FAUT :
- du papier journal • un gros ballon
- de la colle à papier peint
- de la peinture acrylique
- un pinceau • un couteau universel
- un crayon

1 Gonfle le ballon et prépare la colle (voir recette p. 4). Déchire le papier journal en languettes. Badigeonne de la colle sur le ballon, puis recouvre la colle d'une couche de languettes. Ne colle pas de languettes sur le haut du ballon.

2 Applique de la colle sur les languettes qui recouvrent le ballon et pose une deuxième couche de languettes. Laisse sécher 24 h. Recommence 3 fois cette opération pour obtenir 6 couches de papier.

3 Peins toute la lanterne en blanc et laisse sécher 20 min avant de la peindre en orange. Applique 2 couches d'orange si nécessaire; laisse sécher 20 min.

4 Perce le ballon et enlève-le. Au crayon, trace les yeux, le nez et la bouche. Demande à un adulte (!) de les découper. Place une lampe de poche à l'intérieur.

Utilise de vieux annuaires en alternant une couche de pages jaunes et une couche de pages blanches : tu verras ainsi combien de couches de papier tu as posées.

Pose ta lanterne derrière une fenêtre; la nuit, l'effet est garanti!

Si tu préfères une vraie citrouille, demande à un adulte
d'en découper le dessous, puis vide-la avec une grande cuillère.
Demande à un adulte de découper avec un couteau pointu
les yeux, le nez, la bouche et un trou rond de 2 cm de
diamètre au sommet de la tête pour faire une « cheminée ».
Pose la bougie sur la base de la citrouille, puis pose la
tête dessus. (!)

Les gobelets fantômes

IL TE FAUT :
- des gobelets en carton
- du papier de couleur
- de la peinture acrylique noire
- de la colle universelle
- un pinceau • des ciseaux
- un couteau à bout rond

3 Peins les yeux et la bouche en noir.

2 Sur une des formes, découpe les bras du fantôme, puis, avec un couteau à bout rond, fais une rainure de chaque côté pour pouvoir les plier.

1 Découpe 2 formes identiques dans le papier de couleur. Elles doivent recouvrir complètement le gobelet.

4 D'un côté du gobelet, colle la forme unie et, de l'autre, le fantôme. Replie les bras au niveau des rainures.

tu peux aussi imprimer une nappe en papier orange ou vert.

(Va à la page 5 pour savoir comment imprimer la nappe.

L'épouvantable épouvantail

IL TE FAUT :
- de vieux vêtements (taille 4-6 ans)
- un vieux chapeau • un carré de tissu de 40 cm (pour le foulard) • de petits carrés de tissu imprimé
- un morceau de feutrine orange de 35 cm x 50 cm
- de petits morceaux de feutrine blanche et noire
- du coton à broder • du papier journal
- 2 branches solides, 1 de 60 cm, 1 de 90 cm
- du raphia • de la paille • du ruban adhésif
- de la colle à bois blanche en tube • des ciseaux
- une agrafeuse • une grosse aiguille

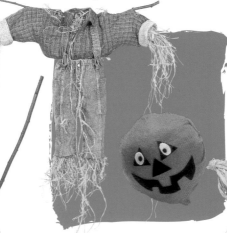

3 Mets les vêtements en place, fais des trous au niveau des coudes et d'un genou. Remplis le tout de paille que tu feras dépasser aux coudes, au genou ainsi que par les bras et le bas des jambes.

2 Replie la feutrine orange tout autour de la boule et agrafe-la par-derrière. Découpe et colle les yeux, le nez et la bouche (voir modèle p. 38).

1 Fabrique une boule de papier journal d'un diamètre de 14 cm et entoure-la de bandes de ruban adhésif pour la solidifier. Fais un trou pour y enfoncer la grande branche. Place la boule au milieu de la feutrine orange. Attention de ne pas recouvrir le trou!

4 Enfile la petite branche dans les coudes de façon à ce qu'elle dépasse de chaque côté. Enfile la grande branche en la faisant dépasser par une jambe. Fixe les 2 branches en croix avec un morceau de raphia, noué solidement. Colle des touffes de raphia à l'emplacement des cheveux.

Accroche l'épouvantail sur ta porte
ou plante-le devant chez toi.

5 Mets de la colle au bout
de la grande branche et enfonces-y
la tête. Colle le chapeau sur la tête.
Découpe des carrés de tissus multicolores et
couds-les à grands points sur les vêtements.
Plie le grand carré de tissu en 2, en pointe,
et noue-le autour du cou comme un foulard.

Tu peux aussi fabriquer
un balai de sorcière.

Les gants de l'horreur

IL TE FAUT :

- des gants en caoutchouc
- 4 balles de ping-pong
- de la peinture acrylique • un pinceau
- un couteau universel • de la colle

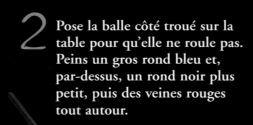

2 Pose la balle côté troué sur la table pour qu'elle ne roule pas. Peins un gros rond bleu et, par-dessus, un rond noir plus petit, puis des veines rouges tout autour.

3 Étale un peu de colle au bout de l'index et de l'annulaire du gant de caoutchouc, puis glisses-y les balles de ping-pong. Laisse sécher 4 h.

1 Demande à un adulte de découper dans les balles de ping-pong des ronds de 15 mm de diamètre.

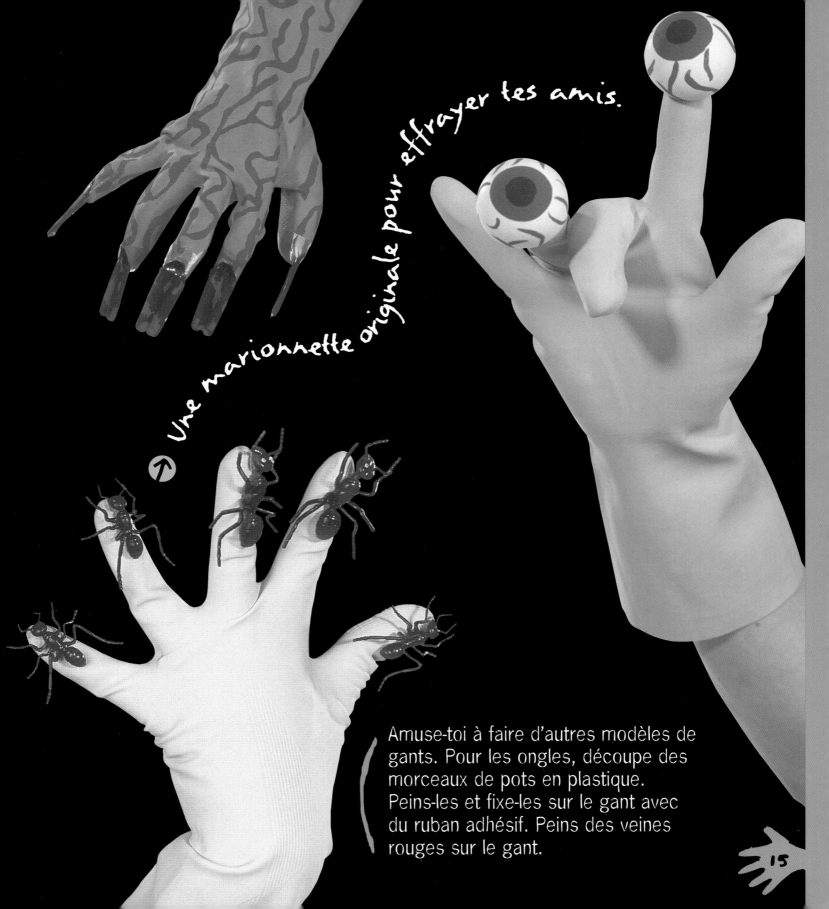

Une marionnette originale pour effrayer tes amis.

Amuse-toi à faire d'autres modèles de gants. Pour les ongles, découpe des morceaux de pots en plastique. Peins-les et fixe-les sur le gant avec du ruban adhésif. Peins des veines rouges sur le gant.

Le chandail chauve-souris

IL TE FAUT :
- un chandail noir à manches longues
- 1 m de feutrine noire et des retailles de feutrine blanche et rouge
- de la colle à bois blanche en tube
- des ciseaux

1 Découpe toutes les formes dans la feutrine : les ailes, les dents, les yeux, les oreilles et les sourcils.

2 Place les ailes à plat, étends le chandail par-dessus et colle les ailes le long des bras. Laisse sécher 2 h.

3 Colle sur le devant du chandail tous les autres éléments que tu as découpés dans la feutrine. Laisse sécher une journée avant de porter ton chandail.

Colle des bestioles en plastique sur un tee-shirt, c'est vraiment horrible!

Pour coller les bestioles sur le tee-shirt, utilise de la colle pour plastique.

17

Le chapeau citrouille

citrouille

IL TE FAUT :

- du papier crépon :
  1 rouleau orange, 1 rouleau vert
- du carton mince
- de la colle à bois blanche en tube
- 30 cm de fil de fer • du fil à coudre
- des ciseaux • une agrafeuse

1 Découpe une bande de papier crépon orange de 1 m de long et de 40 cm de large, une bande de carton de 4 cm x 62 cm et 2 autres de 2 cm x 30 cm.

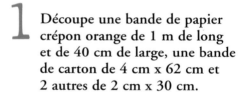

2 Forme une couronne avec la grande bande de carton, puis forme deux arceaux avec les deux autres bandes et agrafe-les à la première. Tu peux renforcer le collage avec des morceaux de ruban adhésif.

3 Colle le papier crépon sur la couronne en le fronçant.

4 Rassemble le papier dans le haut, place la queue de la citrouille (petit rouleau de papier crépon orange) et attache le tout avec du fil à coudre.

5 Entoure le morceau de fil de fer avec du papier crépon vert enduit de colle pour faire une tige. Découpe 2 formes de feuilles identiques et colle-les à une extrémité de la tige.

6 Colle une bande de papier vert autour de la couronne, puis la tige verte avec sa feuille.

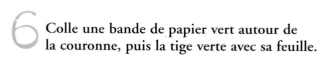

Invente d'autres chapeaux comme le chapeau de sorcière.

Une couronne avec des yeux qui bougent sera du plus bel effet! Fabrique-la avec des boules de styromousse ou des balles de ping-pong et des cure-pipes.

19

Les maquillages maléfiques

IL TE FAUT :
- une éponge à maquillage
- un pinceau
- du maquillage à l'eau

(Ces produits de maquillage ne sont pas gras; ils s'enlèvent très facilement à l'eau et au savon, ou bien avec du démaquillant.)

Demande à un adulte de te maquiller ou maquille-toi devant un miroir. Coiffe tes cheveux bien en arrière avec un peu de gel.

3 Trace en noir les sourcils, le bord des narines et les « pattes » devant les oreilles, puis souligne d'un trait le prolongement des paupières.

1 Avec l'éponge, couvre tout ton visage de blanc; finis par les paupières. Attention, ferme bien les yeux.

2 Avec le pinceau, trace les pointes noires de la racine des cheveux et du menton; tu peux déborder un peu sur les cheveux.

4 Par-dessus la lèvre inférieure, dessine les dents en les faisant déborder sur le menton. Trace un trait rouge sous les yeux. Dessine les lèvres en rouge en faisant bien attention de ne pas passer sur les dents; ajoute une goutte rouge près d'une dent.

20

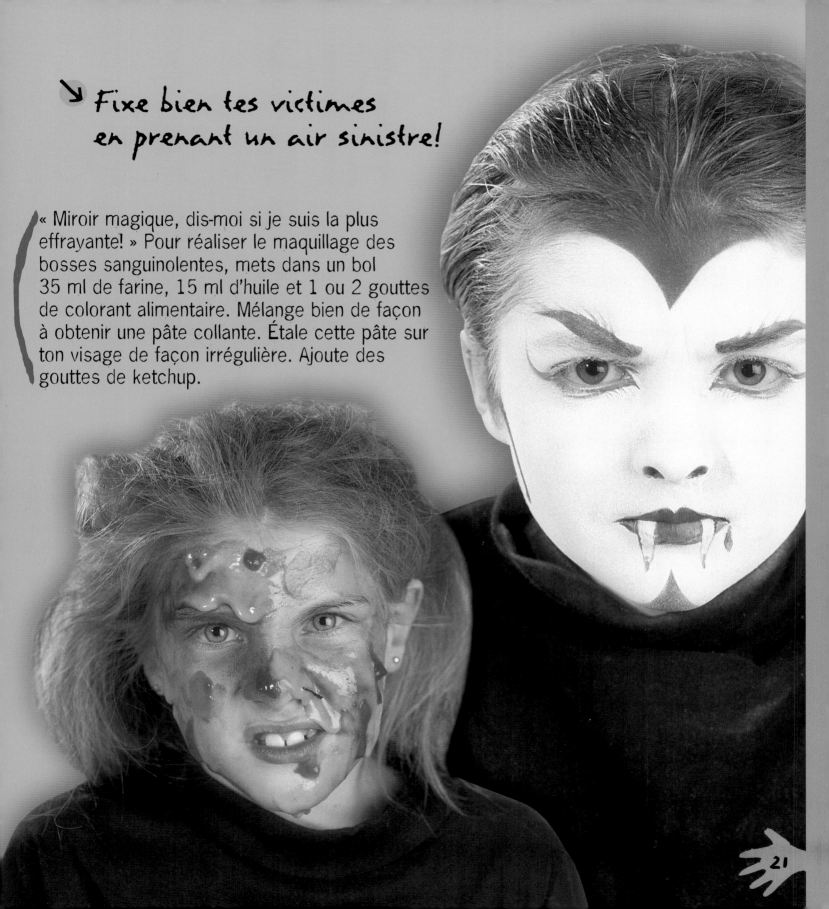

Fixe bien tes victimes en prenant un air sinistre!

« Miroir magique, dis-moi si je suis la plus effrayante! » Pour réaliser le maquillage des bosses sanguinolentes, mets dans un bol 35 ml de farine, 15 ml d'huile et 1 ou 2 gouttes de colorant alimentaire. Mélange bien de façon à obtenir une pâte collante. Étale cette pâte sur ton visage de façon irrégulière. Ajoute des gouttes de ketchup.

Le masque de monstre

IL TE FAUT :
- 2 assiettes en carton
- une boîte à œufs en carton
- des ciseaux • un pinceau
- de la peinture acrylique
- un couteau universel
- de la colle universelle
- du raphia de couleur
- 30 cm d'élastique souple

1 Dans une assiette en carton, découpe le visage, le nez et les oreilles.

2 Dans une boîte à œufs, découpe la forme des yeux, puis demande à un adulte de découper une rondelle de carton au centre de chaque œil.

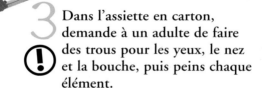

3 Dans l'assiette en carton, demande à un adulte de faire des trous pour les yeux, le nez et la bouche, puis peins chaque élément.

4 Prépare de petits bouquets de raphia, puis assemble tous les éléments avec de la colle. Laisse sécher 24 h. Fais un petit trou de chaque côté du masque, passes-y un élastique et fais un nœud.

22

Tu préféreras peut-être cette charmante tête de mort.

23

Les tableaux pour photos

IL TE FAUT :
- du carton d'emballage
- du carton blanc
- de la peinture acrylique
- un pinceau
- un couteau universel
- de la colle à bois en tube
- un crayon • des ciseaux
- du ruban-cache • une règle

3 Peins le cadre en blanc. Laisse-le sécher 1 h, puis peins-le en or en 2 couches. Laisse sécher 1 h entre chaque couche.

4 Découpe un rectangle de carton (45 cm x 56 cm). Peins-le en blanc. Trace le dessin au crayon (photocopie le modèle p. 39 en l'agrandissant à 300 %). Demande à un adulte de découper la forme du visage.

2 Assemble les 4 côtés du cadre puis colle les décorations par-dessus.

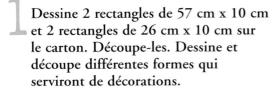

1 Dessine 2 rectangles de 57 cm x 10 cm et 2 rectangles de 26 cm x 10 cm sur le carton. Découpe-les. Dessine et découpe différentes formes qui serviront de décorations.

5 Peins le personnage et le décor, puis colle le cadre par-dessus.

24

Demande à tes invités de placer leur visage dans le trou du tableau, et prends des photos.

Le déguisement fantôme

IL TE FAUT :
- un vieux drap blanc (1,50 m x 2,50 m)
- du papier crépon noir • 6 m de fil de fer
- de la colle à bois en tube • du papier journal
- du ruban adhésif • de la peinture acrylique
- de la colle à papier peint • un pinceau
- des ciseaux • un crayon-feutre
- une pince coupante

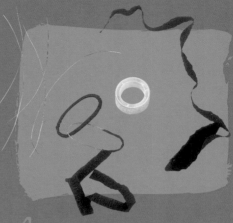

1 Froisse du papier journal pour faire une boule de la grosseur d'un pamplemousse. Entoure-la avec du ruban adhésif en lui donnant une forme bien ronde.

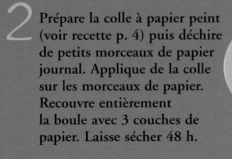

3 Peins la boule en blanc. Laisse sécher 15 min, puis peins-la en noir.

4 Coupe 40 morceaux de fil de fer de 14 cm chacun. Donne une forme allongée aux anneaux. Ferme-les en faisant chevaucher le fil de fer sur 1 cm. N'oublie pas de passer les anneaux les uns dans les autres avant de les fermer. Recouvre-les de bandes de papier crépon noir (1 cm x 50 cm), badigeonnées de colle à bois, en les enroulant autour du fil de fer.

2 Prépare la colle à papier peint (voir recette p. 4) puis déchire de petits morceaux de papier journal. Applique de la colle sur les morceaux de papier. Recouvre entièrement la boule avec 3 couches de papier. Laisse sécher 48 h.

5 Laisse le dernier anneau ouvert. Demande à un adulte de percer 2 trous avec la pointe ciseaux dans la boule de papier. Places-y une noisette de colle à bois et enfonces-y chaque extrémité du dernier anneau.

hiver 2

Pour te déguiser en fantôme, pose le drap
sur ta tête, bien au milieu. Demande à
un adulte de tracer au crayon-feutre
l'emplacement des yeux et de la bouche.
Retire le drap et découpe le long
du trait. Pour être encore plus
impressionnant, maquille ton
visage en noir. Remets le drap
sur ta tête et enfile la chaîne
autour de ton cou.

Pour te transformer
en monstre poilu,
colle des bandes
de feutrine sur
un caleçon long
et un tee-shirt.

27

Les chauves-souris

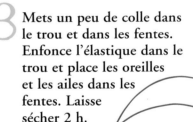

IL TE FAUT :
- du papier noir épais • des boules en styromousse
- de la colle à bois blanche en tube
- 50 cm d'élastique rond • un couteau universel
- des ciseaux • de la peinture noire • un pinceau

1 Découpe les ailes et les oreilles de la chauve-souris dans du papier noir épais.

2 Demande à un adulte de faire un trou et une fente sur le dessus de la boule et une fente de chaque côté.

3 Mets un peu de colle dans le trou et dans les fentes. Enfonce l'élastique dans le trou et place les oreilles et les ailes dans les fentes. Laisse sécher 2 h.

4 Peins la boule en noir sauf à l'emplacement des yeux et des dents.

Accroche les chauves-souris partout dans la maison.

Invente des bestioles rigolotes avec des boules en styromousse fixées sur des brochettes de bois.

29

La boîte à bonbons

IL TE FAUT :

- du carton d'emballage
- une feuille de papier à dessin
- du papier noir épais
- un grand élastique
- de la peinture acrylique
- de la colle à bois en tube
- du ruban adhésif
- des ciseaux • un pinceau
- un couteau à bout rond

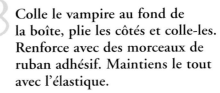

3 Colle le vampire au fond de la boîte, plie les côtés et colle-les. Renforce avec des morceaux de ruban adhésif. Maintiens le tout avec l'élastique.

2 Découpe la forme du cercueil dans une feuille de papier à dessin et reporte dessus le modèle du vampire (voir p. 38), puis peins-le.

pli

5 Colle le couvercle sur la boîte, puis une bande de papier noir tout autour. Maintiens avec un élastique. Laisse sécher 15 min.

1 Découpe dans le carton la forme de la boîte et le couvercle (voir modèle p. 39). Trace les rainures avec un couteau à bout rond. Peins la boîte en noir et le couvercle en rouge.

4 Trace sur du papier noir la forme du couvercle plus une bande latérale rectangulaire aux mêmes dimensions que le grand côté de la boîte. Découpe le papier et colle-le sur le couvercle en laissant dépasser la bande. Une fois pliée, celle-ci servira à coller le couvercle sur la boîte.

Pour décorer ta maison avec raffinement, gonfle des ballons et des gants en latex.

Peins des têtes de mort sur les ballons et dessine des os sur les mains. Place un bonbon à l'intérieur de chaque ballon (ou main) avant de le gonfler. À la fin de la fête, les invités feront éclater les « ballons ».

Le chandelier du manoir hanté

IL TE FAUT :
- de la pâte à modeler qui durcit à l'air
- un caillou • de la peinture acrylique
- 3 brochettes en bois • une petite cuillère
- des ciseaux • un pinceau

1 Modèle la forme générale du chandelier
et enfonce un caillou à sa base. Le chandelier
mesure environ 22 cm de haut.

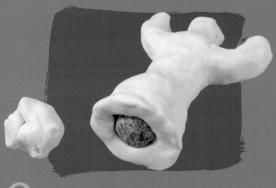

2 Aplatis l'extrémité des 3 branches et fais
des creux avec une petite cuillère pour y
placer les bougies. Coupe les bords plats
tout autour avec les ciseaux.

3 Forme des boudins
pour cercler le pied
et les porte-bougies.
Fabrique les bougies.
Place-les dans les creux
du bougeoir. Enfonce
des morceaux de brochette
et laisse-les dépasser de 1 cm.

4 Fabrique 3 flammes et pique-les
sur les pointes des brochettes.
Modèle des « coulures » en pâte;
fixe-les sur les bougies et le bougeoir.
Laisse sécher le tout 8 jours. Si des
fentes apparaissent, fais des raccords
avec de la pâte à modeler fraîche.

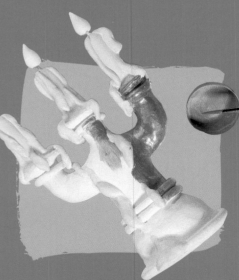

5 Peins le bougeoir et ses bougies.

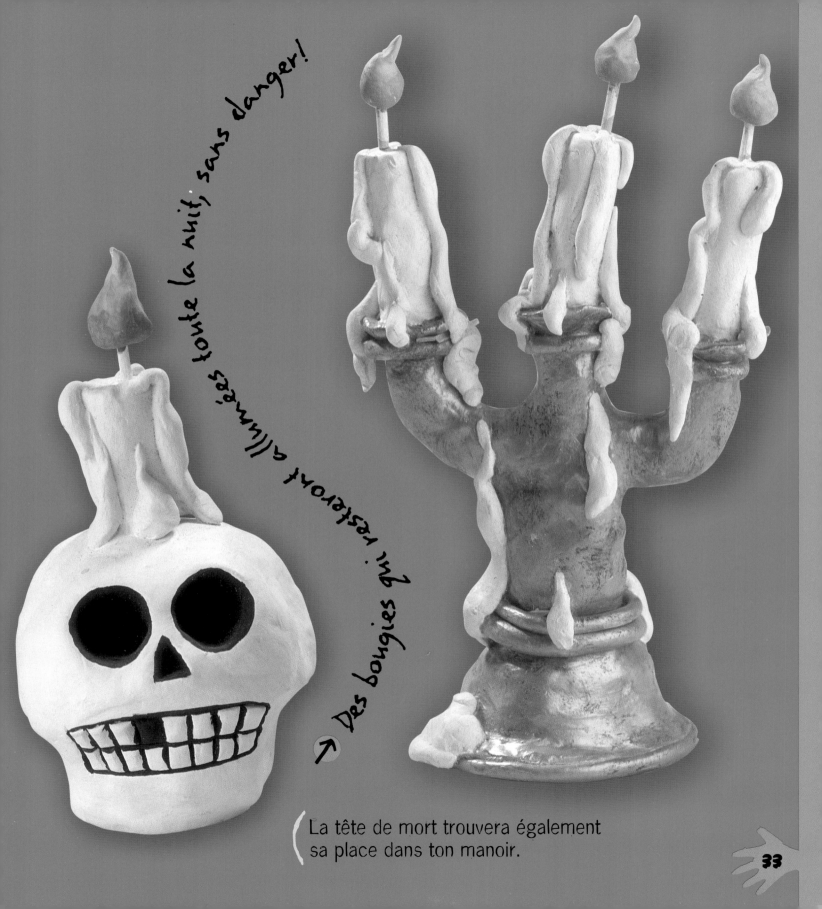

↪ Des bougies qui resteront allumées toute la nuit, sans danger!

(La tête de mort trouvera également
sa place dans ton manoir.

Des recettes

Le gâteau aux vers

IL TE FAUT :
- un gâteau rond
- une boîte de glaçage tout prêt
- du colorant alimentaire
- des bonbons gélatineux
  en forme de vers et de serpents
- une petite cuillère
- un couteau à bout rond

1 Ajoute 5 ml de colorant au glaçage et mélange bien. Étale le glaçage sur le gâteau avec le dos d'une cuillère.

2 Fais des trous dans le gâteau avec un couteau à bout rond. Enfonces-y une partie des vers. Dispose harmonieusement les autres vers et les serpents sur le gâteau.

à frémir

La tarte à l'araignée

Réchauffe le four à 220 °C.

Bats l'œuf dans un grand bol.

Ajoutes-y le lait concentré et la garniture pour tarte. Mélange le tout.

Verse le mélange dans le fond de tarte. Fais cuire à 220 °C pendant 15 min, puis baisse la température à 190 °C et fais cuire pendant 35 à 45 min (ou jusqu'à ce qu'un couteau inséré au centre ressorte propre).

Une fois la tarte refroidie, décore-la avec de la réglisse ou de la gelée, et dépose l'araignée au centre.

Si tu préfères, tu peux acheter une tarte à la citrouille toute prête et la décorer.

Les ballophones

IL TE FAUT :
- une boîte de conserve vide • des ciseaux
- un ballon épais (longueur : environ 12 cm)
- du ruban adhésif • de la colle universelle
- des papiers de couleur • un feutre noir

1 Ôte le papier qui recouvre la boîte. Lave-la et essuie-la. Recouvre le bord coupant de ruban adhésif (attention de ne pas te couper!). Découpe le haut du ballon.

2 Pose le ballon sur le dessus de la boîte en le tendant bien.

3 Découpe des papiers de couleur et dessine des têtes de mort au feutre (voir modèle p. 38).

4 Colle les étiquettes sur les boîtes.

36

Pour produire des sons vraiment sinistres, pince le ballon entre le pouce et l'index, tire-le un peu puis relâche.

(Le son varie avec la taille de la boîte.

(Tu peux aussi fabriquer un jeu de quilles ou un jeu de massacre avec des boîtes vides ou des bouteilles en plastique.

Modèles

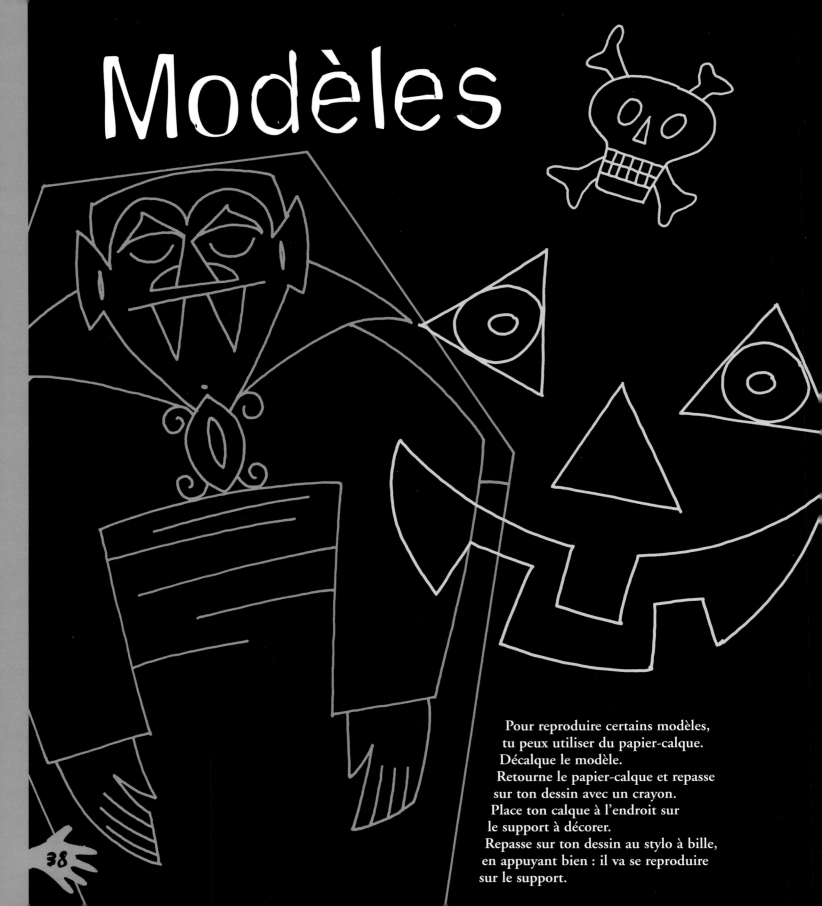

Pour reproduire certains modèles,
tu peux utiliser du papier-calque.
Décalque le modèle.
Retourne le papier-calque et repasse
sur ton dessin avec un crayon.
Place ton calque à l'endroit sur
le support à décorer.
Repasse sur ton dessin au stylo à bille,
en appuyant bien : il va se reproduire
sur le support.

10 cm

7 cm

18 cm

16 cm

26.5 cm

6 cm

5 cm

Pour le cercueil, respecte
les dimensions indiquées.

Tu peux aussi photocopier
les modèles et les avoir
ainsi à la taille voulue
(plus grand ou plus petit).

Merci à Patricia Bouillon pour
son aide ; Pauline et Thomas ;
Monika Dessart, la maquilleuse ;
Nathalie Carrère pour son texte
de présentation ; Suzan pour sa recette
de maquillage ; Rougier & Plé pour les
fournitures : papiers, maquillage,
feutrines ; Omya-Color pour la pâte à
modeler Playpat ; Pébéo pour les peintures
acryliques et les peintures pour tissu.

Première édition publiée en 2000, sous
le titre *Halloween*, par les Éditions Milan.
Cette édition publiée au Canada en 2002
par Les éditions Scholastic.

**Catalogage avant publication de la
Bibliothèque nationale du Canada**
Kirby, Huguette
Fantaisies d'Halloween / Huguette Kirby
ISBN 0-439-98987-6
1. Décorations de l'Halloween—Ouvrages
pour la jeunesse.
2. Artisanat—Ouvrages pour la jeunesse.
I. Titre.
TT900.H32K57 2002   745.594'1
C2002-901505-7

Édition publiée par Les éditions Scholastic,
175 Hillmount Road, Markham (Ontario)
L6C 1Z7 CANADA.

Imprimé au Canada
6 5 4 3 2 1   02 03 04 05